A1-Training

Kopiervorlagen, auch für Alphaklassen geeignet

Neuauflage 2025

Gisela Darrah

Eine gute Ergänzung ist das Übungsbuch:
Verstehst du Grammatik A1?
Gisela Darrah

FSC
www.fsc.org
MIX
Papier aus ver-
antwortungsvollen
Quellen
Paper from
responsible sources
FSC® C105338

© 2025 Gisela Darrah
Verlag: BoD · Books on Demand GmbH, In de Tarpen 42,
22848 Norderstedt, bod@bod.de
Druck: Libri Plureos GmbH, Friedensallee 273,
22763 Hamburg
ISBN: 978-3-7693-5180-4

Inhaltsverzeichnis

Angaben zur Person: Wörterliste Nomen

der	die	das
Familienname	Straße	Kind
Nachname	Hausnummer	Geburtsdatum
Vorname	Adresse	Alter
Kursbeginn	Kurszeit	Girokonto
Kursname	Telefonnummer	Sparkonto
Wohnort	Sprache	Hobby
Beruf	Postleitzahl	Land
Absender	Kontonummer	Baby
Ausweis	Größe	Handy
Mensch	Familie	Visum
Ehemann	Ehefrau	Ehepaar
Kontinent	Nationalität	Mädchen
Familienstand	Sportart	Geschlecht

Sprechen Sie über die Wörter und üben Sie die Artikel.

Angaben zur Person: Leseübung Länder und Sprachen

Woher kommen Sie?	Was sprechen Sie?
Ich komme aus …	Ich spreche …
Deutschland	Deutsch
… dem Irak	Arabisch
Österreich	Deutsch
Russland	Russisch
Syrien	Arabisch
… der Türkei	Türkisch
… dem Kosovo	Albanisch
Armenien	Armenisch
Pakistan	Urdu
Italien	Italienisch
Bulgarien	Bulgarisch
Frankreich	Französisch
Polen	Polnisch
Holland	Holländisch
England	Englisch
… den USA	Englisch
Australien	Englisch
Kanada	Englisch
Schweden	Schwedisch
Dänemark	Dänisch
Vietnam	Vietnamesisch
Brasilien	Portugiesisch
Griechenland	Griechisch
Afghanistan	Farsi, Dari, Pashto
Somalia	Somali

Angaben zur Person: persönliches Formular

Vorname:...

Familienname: ....

Wohnort: ....

Straße: ....

Familienstand: ....

Alter: ....

Kinder: ....

Land: ....

Sprache: ....

Beruf: ....

Geschlecht: ....

Nationalität ....

....

Familienstand:
verheiratet, geschieden, verwitwet, getrennt lebend, ledig

Geschlecht: männlich, weiblich

Familienname / Nachname / Zuname

Nationalität / Staatsangehörigkeit

Angaben zur Person: Formular 1

Füllen Sie das Formular für diese Person aus:

Carmen Pizzarro kommt aus Spanien. Sie ist 36 Jahre alt. Sie wohnt in Kirchheim in der Turnhallenstraße 42. Seit 10 Jahren ist sie verheiratet und hat ein Kind. Jetzt arbeitet sie wieder in ihrem Beruf als Frisörin. Sie hat einen spanischen Pass. Sie spricht Spanisch und gut Deutsch.

Vorname: ....

Familienname: ....

Wohnort: ....

Straße: ....

Familienstand: ....

Alter: ....

Kinder: ....

Land: ....

Sprache: ....

Beruf: ....

Geschlecht: ....

Staatsangehörigkeit: ....

Angaben zur Person: Formular 2

Füllen Sie das Formular für diese Person aus:

Ihre Freundin Alisia Schmitt möchte einen Ausweis für die Bücherei.

Sie wohnt in München in der Bahnhofstraße 37. Sie ist verheiratet und hat

2 Kinder. Sie ist am 07. 07. 1977 in Oberammergau geboren.

Sie möchte ab September Bücher ausleihen.

Büchereiausweis   Stadt München

Familienname:..

Vorname: ....

Familienstand: ....

Geburtsdatum: ....

Geburtsort: ....

Wohnort: ....

Adresse: ....

Kinder: ....

Beginn der Ausleihe: ....

Angaben zur Person: Formular 3

Füllen Sie das Formular für diese Person aus:

Mario Blanco möchte in den Sportverein "TSG" Grünstadt eintreten.
Er möchte gern Handball spielen. Mario ist am 12. 08. 1970 in Napoli geboren. Er wohnt in Grünstadt in der Asselheimer Straße 14. Seine Telefonnummer ist 06359-206727.

Die ganze Familie möchte Sport machen. Sein Sohn Antonio möchte Fußball spielen. Seine Frau Sofia möchte Gymnastik machen.

Mitgliedsausweis TSG Grünstadt

Nachname:...

Vorname: ....

Wohnort: ....

Straße: ....

Geburtsdatum: ....

Geburtsort: ....

Telefon: ....

Familienangehörige: ....

Sportarten: ....

Angaben zur Person: Formular 4

Füllen Sie das Formular für diese Person aus:

Ihr Nachbar Oleg Schäfer möchte bei der VHS einen Sprachkurs machen.

Er möchte Spanisch lernen für den Urlaub. Der Kurs heißt: "Spanisch für die Reise".

Der Kurs ist dienstags von 19 Uhr bis 20.30 Uhr.

Oleg ist am 01. 12. 1965 in Moskau geboren. Er wohnt in Köln in der Lilienstraße 53.

Anmeldung für Kurse bei der Volkshochschule

Vorname: ....

Familienname: ....

Wohnort: ....

Straße: ....

Geburtsdatum: ....

Geburtsort: ....

Kursname: ....

Kurszeit: ....

Angaben zur Person: Formular 5

Füllen Sie das Formular für diese Person aus:

Alexander Brodski wohnt in Worms in der Mainzer Straße 32.

Er möchte ein neues Bankkonto bei der Sparkasse eröffnen.

Er ist 27 Jahre alt und arbeitet bei der Firma Flott in Worms.

Er ist Mechaniker von Beruf. Er möchte ein Girokonto eröffnen.
....

Name, Vorname: ....

Wohnort, Straße: ....

Arbeitgeber: ....

Beruf: ....

Geschlecht: o männlich   o weiblich

Konto:

o Girokonto   o Sparkonto   o Tagesgeldkonto

Angaben zur Person: Hören

Ihr Kursleiter / Ihre Kursleiterin spricht.
Was hören Sie? Kreuzen Sie an:

....

1. Die Telefonnummer von Maja ist 02348-4522.   A O

   Die Telefonnummer von Maja ist 02349-4533.   B O

....

2. Frau Selipalta wohnt in der Blumenstraße 7.   A O

   Frau Selipalta wohnt in der Blusenstraße 7.   B O

....

3. Karin Klein ist 38 Jahre alt.   A O

   Karin Klein ist 36 Jahre alt.   B O

....

4. Ich bin seit 18 Jahren in Deutschland.   A O

   Ich bin seit 8 Jahren in Deutschland.   B O

....

5. Alexander kommt aus der Ukraine.   A O

   Alexander kommt aus der Schweiz.   B O

....

6. Mein Sohn heißt Marian.   A O

   Mein Sohn heißt Marion.   B O

Angaben zur Person: Leseverstehen (Brief an einen Freund)

Lesen Sie E-Mail und kreuzen Sie an: richtig oder falsch?

....

Lieber Toni,

seit drei Wochen habe ich eine neue Freundin. Ich habe sie an der Universität kennen gelernt. Sie heißt Maria.

Maria ist toll. Sie hat blaue Augen und braunes Haar. Sie ist 28 Jahre alt und wohnt auch in München. Ihre Eltern wohnen in Düsseldorf.

Wir gehen gern zusammen in die Disco. Leider haben wir nicht so viel Zeit. Wir studieren beide Medizin und müssen viel lernen.

Herzliche Grüße

Dein   Peter

....

1. Peters Freundin ist Studentin.   r/f

2. Maria hat braune Augen.   r/f

3. Marias Eltern wohnen in München.   r/f

4. Peter und Maria gehen gern in die Disco.   r/f

Angaben zur Person: Leseverstehen (Kontaktanzeigen)

1. Sie sind Student. Sie suchen Freunde aus dem Ausland. Sie wollen Englisch sprechen.

A	B
Hallo, mein Name ist Pedro Rodriguez. Ich komme aus Argentinien. Ich suche Freunde. Ich spreche gut Englisch.	Guten Tag. Ich heiße Alisia Petrova und komme aus Polen. Ich möchte gut Deutsch lernen. Ich suche Freunde zum Üben. Wollen wir zusammen Deutsch lernen?

2. Sie haben zwei Kinder, 2 Jahre und 11 Monate. Sie suchen eine Freundin mit Kind. Sie wollen zusammen mit den Kindern spielen.

A	B
Hallo! Ich bin heiße Monika Hoffmann. Ich bin neu in Tübingen. Ich habe einen Sohn. Er ist 14 Monate alt. Wir suchen eine andere Mama. Wir können zusammen zum Spielplatz gehen.	Hallo! Ich bin Karin Wolters. Ich bin neu in Kallstadt. Ich möchte gern Leute kennen lernen. Meine Hobbys: Wandern, Schwimmen, Computer.

Angaben zur Person: Sprechen

<u>Welches Fragewort passt? Schreiben Sie und sprechen Sie:</u>

....

Wer?   Wie?   Was?   Wie lange?   Wie viele?

        Wann?   Wo?   Welche?

....

1. .... heißen Sie?

2. .... sind Sie schon in Deutschland?

3. .... sind Sie geboren? (Datum)

4. ....sind Sie geboren? (Ort)

5. .... viele Kinder haben Sie?

6. .... wohnen Sie?

7. .... alt sind Sie?

8. .... Sprachen sprechen Sie?

9. ....sind Sie von Beruf?

10.   ....machen Sie beruflich?

11.   .... heißen Ihre Kinder?

12.   ....ist Ihr Familienname?

Lebensmittel und Einkaufen: Wörterliste Nomen

der	die	das
Käse	Butter	Salz
Zucker	Sahne	Brot
Kaffee	Wurst	Wasser
Salat	Milch	Brötchen
Honig	Marmelade	Öl
Fisch	Zitrone	Fleisch
Kakao	Tomate	Müsli
Tee	Schokolade	Ei
Apfel	Birne	Abendessen
Durst	Traube	Glas
Löffel	Gabel	Messer
Saft	Kartoffel	Hähnchen
Reis	Nudel	Angebot

Sprechen Sie über die Wörter. Üben Sie die Artikel.

Lebensmittel und Einkaufen: Die höfliche Bitte

Lesen Sie die Dialoge mit verteilten Rollen. (Sprechen, Teil 3):

Eine Familie sitzt am Frühstückstisch.

A. Kannst du mir bitte die Butter geben?
B. Ja, gern.

A. Kannst du mir bitte den Käse geben?
B. Ja, natürlich.

A. Kannst du mir bitte das Salz geben?
B. Tut mir leid. Da ist kein Salz.

A. Kannst du mir bitte den Zucker geben?
B. Ja, hier bitte.

A. Kannst du mir bitte die Teekanne geben?
B. Ja, hier.

A. Kannst du mir bitte die Marmelade geben?
B. Die Marmelade ist leer. Tut mir leid.

A. Kannst du mir bitte das Brot geben?
B. Ja, bitte schön.

A. Kannst du mir bitte das Ei geben?
B. Ja, gern.

Lebensmittel und Einkaufen: Schreiben und Sprechen

<u>Schreiben Sie Sätze mit Akkusativ und lesen Sie dann:</u>

....

maskulin - **der** Tee – Kannst du mir bitte **den** Tee geben?

feminin - **die** Milch – Kannst du mir bitte **die** Milch geben?

neutral - **das** Brot – Kannst du mir bitte **das** Brot geben?

....

Beispiel: **der Kakao – Kannst du mir bitte den Kakao geben?**

1. der Kaffee ....

2. der Honig - ....

3. die Sahne - ....

4. das Brötchen - ....

5. das Salz - ....

6. die Butter - ....

7. die Tomate - ....

8. der Fisch - ....

9. das Fleisch - ....

10. der Käse - ....

11. die Wurst - ....

12. der Salat - ....

Lebensmittel und Einkaufen:
Leseverstehen (Angebote im Supermarkt)

Lesen Sie die Angebote im Supermarkt. Kreuzen Sie an: richtig oder falsch?

Spanische Tomaten, 1kg nur 0,99 €	1 Mischbrot, 1kg nur 1,40 €	Holländischer Käse, 200 g nur 1,50 €	Mineralwasser 1 Flasche 1 l 0,29 €
Deutsche Kirschen 500 g 2,60 €	Erdbeeren 1 Schale (500g) 1, 25 €	Bio-Bananen 1 kg nur 1,20 €	Schokolade Vollmilch 100 g nur 69 Cent

1. Die Tomaten kommen aus Spanien.   r/f

2. 1000 g Bananen kosten 1,20 € .   r/f

3. Ein Kilo Kirschen kostet 2,60 € .   r/f

4. Eine Schale Erdbeeren kostet 1,25 €.   r/f

5. 500 g Brot kosten 1,40 €.   r/f

6. Die Flasche Mineralwasser kostet 29 Cent.   r/f

7. Der Käse kommt aus Deutschland.   r/f

8. 200 g Käse kosten 1,50 €.   r/f

9. Die Kirschen kommen aus Deutschland.   r/f

10. Die Vollmilchschokolade ist im Angebot.   r/f

Lebensmittel und Einkaufen: Sprechen

1. Essen Sie gern Schokolade?

2. Trinken Sie gern Tee?

3. Essen Sie gern Vollkornbrot?

4. Trinken Sie gern Milch?

5. Welches Obst essen Sie gern?

6. Welchen Saft trinken Sie gern?

7. Was essen Sie lieber, Reis oder Nudeln?

8. Was trinken Sie lieber, Kaffee oder Tee?

9. Essen Sie gern Marmelade?

10. Welche Milchprodukte essen Sie gern?

11. Was essen Sie lieber, Brötchen oder Brot?

12. Wie heißt Ihr Lieblingsessen?

Kleidung: Wörterliste

der	die	das
Schuh	Hose	Hemd
Schal	Jacke	Kleid
Anzug	Mütze	T-Shirt
Pullover	Kleidung	Unterhemd
Stiefel	Unterhose	
Mantel	Bluse	

Davon haben wir zwei Stück (Plural):

die Schuhe, die Stiefel, die Strümpfe, die Handschuhe, die Socken

....

Der Mantel gefällt mir. - maskulin - Nominativ

Die Stiefel gefallen mir. - Plural Nominativ

Ich finde den Pullover schön. - maskulin Akkusativ

Ich finde die Hose super. - feminin Akkusativ
....

Farben:
rot, blau, gelb, grün, grau, braun, lila, rosa, schwarz, weiß

Plätze in der Stadt: Wörterliste Nomen

der	die	das
Kiosk	Polizei	Kino
Markt	Information	Geschäft
Laden	Praxis	Restaurant
Supermarkt	Straßenbahn	Schwimmbad
Taxifahrer	Universität	Ticket
Bäcker	Bäckerei	Theater
Metzger	Metzgerei	Museum
LKW	Haltestelle	Schild
Bahnhof	Apotheke	Taxi
Frisörsalon	U-Bahn	Bürgerbüro
Zoo	Kirche	Rathaus

....

Sprechen Sie über die Wörter und üben Sie die Artikel.

Plätze in der Stadt: Schreibaufgabe (alphabetische Ordnung)

Ordnen Sie diese Wörter nach dem Alphabet:

....

Hotel   Frisör   Restaurant   Apotheke   Café

Supermarkt   U-Bahn   Bahnhof   Zoo   Optiker

Park   Diskothek   Juwelier   Tanzcafé   Kiosk

Eisdiele   Metzgerei   Information   Gemüsegeschäft

....

....

....

....

....

....

....

....

....

ABCDEFGHIJKLMNOPQRSTUVWXYZ

Plätze in der Stadt: Leseübung
(Öffnungszeiten)

1. Der Frisörsalon ist von Dienstag bis Samstag von 9 bis 18 Uhr geöffnet.

2. Der Kindergarten ist morgens ab 6.30 Uhr geöffnet.

3. Die Kneipe ist abends bis 24 Uhr geöffnet.

4. Der Juwelier hat von Montag bis Freitag von 10 bis 17 Uhr geöffnet.

5. Der Kiosk ist auch am Wochenende von 14 bis 23 Uhr geöffnet.

6. Das Restaurant ist von 17 bis 23 Uhr geöffnet.

   Am Dienstag ist das Restaurant geschlossen, das ist der Ruhetag.

7. Die Metzgerei ist täglich von 8 bis 18 Uhr geöffnet.

8. Die Apotheke ist von Montag bis Freitag von 9 bis 17 Uhr geöffnet.

9. Das Tanzcafé ist freitags, samstags und sonntags von 19 bis 24 Uhr geöffnet.

10. Der Supermarkt ist von Montag bis Samstag von 8 bis 22 Uhr geöffnet.

Plätze in der Stadt: Leseverstehen 1

....

Dr. Johann Meinert
Allgemeinmedizin

Öffnungszeiten:
Mo – Do 8.00 – 16.30 Uhr
Fr   9-12 Uhr
Tel: 06359-4283
Termine nach telefonischer Vereinbarung

....

1. Wann ist die Praxis am Mittwoch geöffnet? ....

2. Kann ich am Freitag Nachmittag zu Dr. Meinert gehen? ....

3. Kann ich am Dienstag Nachmittag zu Dr. Meinert gehen? ....

4. Wie bekomme ich einen Termin? Ich muss ....

....

Friseursalon Schnipp-Schnapp
Irene Müller

Di-Fr   9-18.30 Uhr
Sa   8-14 Uhr

....

1. Kann ich am Montag zum Frisör gehen? ....

2. Um wie viel Uhr öffnet der Salon am Samstag? ....

3. An welchem Tag ist der Salon geschlossen? ....

4. Kann ich am Mittwoch um 15 Uhr zum Frisör gehen? ....

....

Supermarkt Extra
Hier kauf ich Lebensmittel ein!

Öffnungszeiten:
Mo – Sa   8 – 20 Uhr

....

1. Wie viele Stunden ist der Supermarkt täglich geöffnet? ....

2. Was kann man im Supermarkt kaufen? ....

3. An welchem Tag ist der Supermarkt geschlossen? ....

4. Kann ich am Donnerstag um 21 Uhr einkaufen? ....

....

Fitnessstudio Muskelprotz

Wir sind für Sie da:
Mo – Fr   10 – 22 Uhr
Sa, So   9 – 17 Uhr

....

1. Wann öffnet das Studio am Dienstag? ....

2. Wann ist das Studio am Wochenende geöffnet? ....

3. Ist das Studio jeden Tag geöffnet? ....

4. Kann ich am Freitag um 9 Uhr zum Fitnessstudio gehen? ....

....

Schneiderei Fatma Filiz
Änderungen jeder Art

Rufen Sie an:
Mo – Fr   14 – 18 Uhr

....

1. *Kann ich bei Frau Filiz am Dienstag um 15 Uhr anrufen?* ....

2. *Kann ich bei Frau Filiz am Samstag anrufen?* ....

3. *Kann ich bei Frau Filiz vormittags anrufen?* ....

4. *Kann ich bei Frau Filiz nachmittags um 17 Uhr anrufen?* ....

....

Nachhilfe
Probleme in der Schule?
Wir helfen in Deutsch, Mathe und Englisch

Terminvereinbarung:
Mo – Fr 15 – 19 Uhr

....

1. *Kann ich im Nachhilfeinstitut am Vormittag anrufen?* ....

2. *Kann man Nachhilfe in Russisch bekommen?* ....

3. *Kann ich am Nachmittag um 14 Uhr anrufen?* ....

4. *Kann ich am Samstag anrufen?* ....

....

Blumen und mehr
Vera Schmitt
Schnittblumen und Topfpflanzen

Mo – Fr 9 – 12 und 14 – 18 Uhr
Sa 8 – 13 Uhr

....

1. Wann macht Frau Schmitt Mittagspause? ....

2. Kann ich hier Gemüse kaufen? ....

3. Kann ich am Mittwoch um 11 Uhr Blumen kaufen? ....

4. Kann ich am Freitag um 17 Uhr Blumen kaufen? ....

....

Schuhreparatur und Schlüsseldienst Özer

Mo – Fr 10 – 18 Uhr
Sa   9 – 16 Uhr

....

1. Kann ich am Samstagnachmittag um 15 Uhr Schuhe bringen? ....

2. Wann öffnet das Geschäft am Donnerstag? ....

3. Kann ich am Montag um 10 Uhr einen Schlüssel bestellen? ....

4. An welchem Tag ist das Geschäft geschlossen? ....

Plätze in der Stadt: Wortschatzübung - Was passt?

....

Kasse   Bäume   Briefmarke   Tablette   Fleisch

Zug   Film   Arzt   Führerschein   Bleistift

Brötchen   Bücher   Döner   Schere

....

1. Frisörsalon und ....

2. Apotheke und ....

3. Schule und ....

4. Metzgerei und ....

5. Bahnhof und ....

6. Kino und ....

7. Post und ....

8. Krankenhaus und ....

9. Fahrschule und ....

10. Supermarkt und ....

11. Bibliothek und ....

12. Imbiss und ....

13. Park und ....

Plätze in der Stadt: Hören

Ihr Kursleiter / Ihre Kursleiterin spricht. Sie hören jeden Satz zweimal.
Was hören Sie? Kreuzen Sie an.

....

1. Die Praxis ist montags von 8 bis 12 geöffnet.   A O

   Die Praxis ist montags von 9 bis 12 geöffnet.   B O

....

2. Die Werkstatt ist morgen wegen Umbau geschlossen.   A O

   Die Werkstatt ist morgen wegen Umbau geöffnet.   B O

....

3. Der Bus nach Neuhausen hat 10 Minuten Verspätung.   A O

   Der Zug nach Neuhausen hat 10 Minuten Verspätung.   B O

....

4. Wir rufen Sie in 30 Minuten zurück.   A O

   Wir rufen Sie in 20 Minuten zurück.   B O

....

5. Der Kindergarten ist morgen wegen Krankheit geschlossen.   A O

   Der Kindergarten ist morgen wegen Ferien geschlossen.   B O

....

6. Das Museum ist von 10 bis 18 Uhr geöffnet.   A O

   Das Museum ist von 10 bis 19 Uhr geöffnet.   B O

Plätze in der Stadt: Sprechen

....

Wo?   Wann?   Wie viel?   Welche?   Wer?   Was?

....

<u>Welches Fragewort passt?</u>
<u>Die Fragewörter können mehrmals vorkommen.</u>
<u>Es kann unterschiedliche Lösungen geben.</u>

1. .... kostet ein Kilo Bananen im Supermarkt?

2. .... ist der Frisörsalon morgens geöffnet?

3. .... kann ich Filme sehen?

4. .... backt Brot und Brötchen?

5. .... ist hier der Bahnhof, bitte?

6. ....Straße muss ich zum Rathaus nehmen?

7. .... kann man Briefmarken kaufen?

8. .... ist die Arztpraxis geöffnet?

9. ....ist der Kindergarten?

10. ....verkauft Wurst und Fleisch?

11. ....beginnt der Deutschkurs?

12. ....kann man im Park machen?

Wohnen: Wörterliste Nomen

Sprechen Sie über die Wörter. Üben Sie die Artikel.

der	die	das
Stock	Terrasse	Dach
Balkon	Küche	Reihenhaus
Keller	Treppe	Bad
Garten	Waschmaschine	Kinderzimmer
Flur	Kaffeemaschine	Wohnzimmer
Kühlschrank	Spülmaschine	Fenster
Herd	Tür	Esszimmer
Teppich	Wand	Bild
Stuhl	Garderobe	Badezimmer
Sessel	Toilette	Waschbecken
Tisch	Lampe	Foto
Fernseher	Miete	Regal
Schrank	Nebenkosten	Sofa
Vermieter	Kaution	Bett

Wohnen: Leseverstehen
(Wohnungsanzeigen)

Kreuzen Sie an: A oder B

1. Sie haben eine große Familie und brauchen viel Platz. Sie wollen nicht in der Stadt leben.

A	B
Schöne Wohnung im Zentrum, 3 Zimmer, Küche, Bad 84 qm Miete 520 € + Nebenkosten	Haus mit Garten auf dem Land 7 Zimmer, 2 Bäder 165 qm Kaltmiete 1400 €

2. Sie sind ledig und suchen eine kleine Wohnung in der Stadt.

A	B
1-Zi. Apartment im Zentrum 45 qm Miete 480 € warm	Schöne Wohnung im Wald 90 qm Miete 690 € + Nebenkosten Bushaltestelle in der Nähe

3. Sie suchen eine Wohnung mit Terrasse, wo Sie auch grillen können.

A	B
Wohnung mit Balkon Park und Grillplatz in der Nähe 85 qm Miete 720 €	Stadtwohnung mit großer Terrasse und Grill 75 qm Miete 630 € + Nebenkosten 1 MM Kaution

Wohnen: Wortschatzübung

Schreiben Sie das Gegenteil:

1. Ist der Schrank teuer? - Nein, er ist ....

2. Ist das Radio neu? - Nein, es ist ....

3. Ist der Schreibtisch gebraucht? - Nein, er ist ....

4. Ist die Lampe hässlich? - Nein, sie ist ....

5. Ist das Bett klein? - Nein, es ist ....

6. Ist das Sofa dunkel? - Nein, es ist ....

7. Ist der Schrank schmal? - Nein, er ist ....

Elektrogeräte. Welche Buchstaben fehlen?

1. W .... sch m a .... ine

2. K ...... hl .... rank

3. F ....rn seh ....

4. Sp ....l ma .... ine

5. C ...... mp ......ter

6. Mik .... welle

7. Ka.......eemasch ....

8. Stau....s...........ger

9.Ba.......... ofen

Wohnen: Leseverstehen
(Kleinanzeige)

<u>Lesen Sie und kreuzen Sie an. Richtig oder falsch?</u>

Sabines Kleiderschrank ist kaputt. Sie kauft eine Zeitung. Da findet sie eine Anzeige. Ein Kleiderschrank ist groß und kostet 199 €.
Sabine will den Schrank kaufen. Sie ruft an.
„Hallo, guten Tag. Ist der Kleiderschrank noch da?"
Ein Mann sagt: „Nein, tut mir leid. Der Schrank ist verkauft."
Sabine sagt: „Schade."

<u>Kreuzen Sie an. Richtig oder falsch?</u>

1. Sabines Schreibtisch ist kaputt.   Richtig / falsch

2. Sie findet eine Anzeige in der Zeitung.   Richtig / falsch

3. Sie will den Schrank kaufen.   Richtig / falsch

4. Sie telefoniert.   Richtig / falsch

5. Der Schrank ist noch da.   Richtig / falsch

<u>Welche Anzeige passt?</u>

A	B
Wohnzimmerschrank gut erhalten 199 € Tel. 4562934	Kleiderschrank groß und wie neu 199 € Tel. 3827837

Wohnen: Sprechen

1. Wohnen Sie in einer Wohnung oder in einem Haus?

2. In welchem Stock wohnen Sie?

3. Wie viel Quadratmeter hat Ihre Wohnung?

4. Wo essen Sie?

5. Wie viele Zimmer hat Ihre Wohnung?

6. Ist Ihre Wohnung laut?

7. Wie viele Personen wohnen in Ihrem Haushalt?

8. Welche Möbel haben Sie im Wohnzimmer?

9. Welche Farbe hat Ihr Sofa?

10. Wie lange wohnen Sie schon in Ihrer Wohnung?

11. Haben Sie einen Balkon oder eine Terrasse?

12. Welche Elektrogeräte haben Sie in der Küche?

Gesundheit und Krankheit: Wörterliste Nomen

der	die	das
Hausarzt	Praxis	Fieber
Patient	Grippe	Thermometer
Husten	Wunde	Herz
Krankenwagen	Erkältung	Blut
Schnupfen	Massage	Röntgen
Unfall	Operation	Krankenhaus
Magen	Spritze	Wartezimmer
Verband	Ader	Bein
Notarzt	Niere	Knie
Arm	Brust	Auge
Finger	Creme	Gesicht
Fuß	Hand	Ohr
Hals	Zahnbürste	Haar
Bauch	Krankenschwester	Medikament

Gesundheit und Krankheit: Schreibübung
(Schmerzen)

Beispiel: Mein Kopf tut weh. - Ich habe Kopfschmerzen.

1. Mein Bauch tut weh.

\- ....

2. Mein Rücken tut weh.

\- ....

3. Meine Ohren tun weh.

\- ....

4. Mein Zahn tut weh.

\- ....

5. Meine Augen tun weh.

\- ....

<u>Wie heißen die 5 Wörter? Verbinden Sie und schreiben Sie:</u>

Oh -   Au -   Hän-   Fü -   Bei -

   - de   - ren   - gen   - ne   - ße

....

....

Gesundheit und Krankheit: (Entschuldigungsbrief)

<u>Setzen Sie an den passenden Stellen ein:</u>

....

Termin   Grüße   geehrte   Montag

07. 06. 2015   Freitag   Leila Darkasali

....

....

Sehr .... Frau Schäfer,

ich kann am .... nicht zum Sprachkurs kommen.

Ich habe einen........................... beim Augenarzt.

Am .... komme ich wieder.

Viele ....

....

Gesundheit und Krankheit: Fehlersuche
(Entschuldigungsbrief)

Finden Sie 6 Fehler:

18. 10. 2020

Sehr geerhte Frau Schäfer,

Ich kann am 20. 10. 12 nicht zum Sprachkurs kommen.

Ich habe einen Termin vom Augenarzt.

Am Dienstag komme ich wieder.

Fiele Grüse

      Anna Karina

....

Anrede:

Mann: Sehr geehrter Herr Müller,
Frau: Sehr geehrte Frau Müller,

Grußworte:

Viele Grüße   Herzliche Grüße   Beste Grüße
Freundliche Grüße   Mit freundlichen Grüßen

Gesundheit und Krankheit: Ordnen Sie.
(Entschuldigungsbrief)

Ordnen Sie die Sätze. Schreiben Sie den Brief.

....

--- Wir waren beim Arzt.

....

--- Bitte entschuldigen Sie ihr Fehlen.

....

1 --- Sehr geehrte Frau Alt,

....

--- Sie muss drei Tage zu Hause bleiben.

....

--- meine Tochter Sonja ist krank.

....

--- Viele Grüße

....

--- Sie hat Bauchschmerzen.

....

--- Am Montag kann sie wieder zur Schule kommen.

....

Gesundheit und Krankheit: Briefaufgaben

<u>Schreiben Sie Entschuldigungsbriefe:</u>

Aufgabe 1:

Ihr Kind ist krank. Sie können einige Tage nicht zum Deutschkurs kommen. Schreiben Sie an Ihre Lehrerin Frau Becker.
Was hat Ihr Kind? Wann können Sie wieder zum Deutschkurs kommen?

Aufgabe 2:

Sie haben nächste Woche einen wichtigen Termin beim Konsulat. Sie können am Mittwoch nicht zum Sprachkurs kommen.

Aufgabe 3:

Ihr Sohn Denis kann am Freitag nicht zur Schule gehen. Schreiben Sie an die Lehrerin Frau Schwarz.
Was hat Ihr Sohn? Waren Sie beim Arzt? Wann kann er wieder zur Schule kommen?

Aufgabe 4:

Sie sind krank, Sie haben Grippe. Schreiben Sie an Ihre Lehrerin Frau Heilmann.
Sie können vielleicht nächste Woche wieder zum Unterricht kommen. Frau Heilmann soll Ihrer Kollegin Frau Ergin die Hausaufgaben mitgeben.

Aufgabe 5:

Sie können nicht zum Sprachkurs kommen. Sie müssen ins Krankenhaus gehen, Sie werden operiert. Ihr Mann bringt die Krankmeldung in die Schule.

Zahlen und Zeit: Wörterliste Nomen

der:

alle Tageszeiten: der Morgen, der Vormittag, der Mittag, der Nachmittag, der Abend
aber: die Nacht

alle Wochentage: der Montag, der Dienstag, der Mittwoch, der Donnerstag, der Freitag, der Samstag / Sonnabend, der Sonntag

alle Monate: der Januar, der Februar, der März, der April, der Mai, der Juni, der Juli, der August, der September, der Oktober, der November, der Dezember

alle Jahreszeiten: der Frühling, der Sommer, der Herbst, der Winter

die:

die Uhr, die Uhrzeit, die Sekunde, die Minute, die Stunde

alle Zahlen: die Eins, die Zwei, die Drei ...

das:

alle Bruchzahlen: das Viertel, das Achtel, das Hundertstel ...

Zahlen und Zeit: Leseübung
(Große Zahlen)

1. 478 – 298 – 741 – 397 – 201 – 390 – 412

2. 556 – 493 – 481 – 592 – 340 – 188 – 338

3. 728 – 441 – 994 – 104 – 382 – 495 – 823

4. 471 – 494 – 235 – 302 – 998 – 567 – 394

5. 384 – 583 – 897 – 382 – 148 – 935 – 722

6. 1000 – 1100 – 1001 – 1110 – 10 000

7. 200 – 2000 – 20 000 – 202 – 2020 – 22

8. 3000 – 3003 – 3333 – 33 000 – 3030

9. 40 – 400 – 4000 – 40 000 – 440 – 4004

10. 5000 – 5005 – 50 000 – 505 – 550

Was passt? Verbinden Sie:

110   3400   780   1002   599

dreitausendvierhundert
siebenhundertachtzig
hundertzehn
fünfhundertneunundneunzig
tausendzwei

Zahlen und Zeit: Rechtschreibung
(Wochentage, Monate, Jahreszeiten, Tageszeiten)

Ergänzen Sie die Buchstaben:

Jan _ ar	Fe_ruar	M_rz
Ap_il	M_i	Jun_
J_li	Au_ust	Se_tember
Okt_ber	No_ember	Deze_ber

Mo_tag	Di_nstag	Mitt_och
Donner_tag	Frei_ag	Sa_stag
S_nntag		

Fr_hling	Som_er	H_rbst
Win_er		

Morg_n	Vor_ittag	Mi__ag
Na__mittag	A_end	N_cht

Die Zeit: Leseübung zu den Monaten

1. Im Januar gibt es Schnee und Eis.

2. Im Februar ist Karneval.

3. Im März blühen Krokusse und Tulpen.

4. Im April ist das Wetter launisch. Mal schneit es, mal ist es sonnig

   und warm, mal regnet es.

5. Im Mai heiraten viele Paare, weil das Wetter schön ist.

6. Im Juni kann man baden gehen.

7. Im Juli fahren viele Leute in den Urlaub.

8. Im August ist Hochsommer und es ist heiß.

9. Im September wird es kühler.

10. Im Oktober sind die Blätter an den Bäumen rot, braun und gelb.

11. Im November ist es stürmisch und kalt.

12. Im Dezember feiern viele Menschen Weihnachten.

Zeit: Schreibübung zu den Monaten

Schreiben Sie die Monate richtig:

1. Im (iaM)..............heiraten viele Paare, weil das Wetter schön ist.

2. Im (sutAug) .... ist Hochsommer und es ist heiß.

3. Im (inJu) .... kann man baden gehen.

4. Im (uaJarn) .... gibt es Schnee und Eis.

5. Im (vemNober) .... ist es stürmisch und kalt.

6. Im (zeDemreb) .... feiern viele Weihnachten.

7. Im (räMz) .... blühen Krokusse und Tulpen.

8. Im (beSetepmr) .... wird es kühler.

9. Im (arFerub) .... ist Karneval.

10. Im (toOkber) .... sind die Blätter
 an den Bäumen rot, braun und gelb.

11. Im (riApl) .... ist das Wetter launisch.
Mal schneit es, mal ist es sonnig und warm, mal regnet es.

12. Im (liJu) .... fahren viele Leute in den Urlaub.

Zeitangaben: Wochentage, Datum

Setzen Sie den passenden Wochentag ein:

1. Heute ist Dienstag. Morgen ist ....

2. Heute ist Sonntag. Morgen ist ....

3. Heute ist Mittwoch. Gestern war ....

4. Heute ist Freitag. Gestern war ....

5. Heute ist Montag. Morgen ist ....

6. Heute ist Donnerstag. Morgen ist ....

7. Heute ist Samstag. Gestern war ....

8. Heute ist Dienstag. Gestern war ....

9. Heute ist Mittwoch. Morgen ist ....

10. Heute ist Freitag. Morgen ist ....

In welchem Monat haben die Personen Geburtstag?

12.07.70	Frieda	03.12.02	Alex
25.08.82	Walter	30.01.80	Katrin
08.09.95	Fatma	22.02.55	**Renate**
11.10.78	Samuel	15.03.10	Omar
17.11.69	Ali	28.04.90	Dana

Schreiben Sie auf Seite 51.

Zeitangaben: Schreibübung

Lesen Sie den Geburtstagskalender und schreiben Sie:

1. Wann hat Renate Geburtstag?
Renate hat **im Februar** Geburtstag.

2. Wann hat Walter Geburtstag?

....

3. Wann hat Ali Geburtstag?

....

4. Wann hat Dana Geburtstag?

....

5. Wann hat Frieda Geburtstag?

....

6. Wann hat Alex Geburtstag?

....

7. Wann hat Samuel Geburtstag?

....

8. Wann hat Fatma Geburtstag?

....

Zeitangaben: Schreibübung

<u>Schreiben Sie Sätze wie im Beispiel:</u>

Was machen Sie am Dienstag, Frau Schmitt?
- Ich gehe zum Sport.

Frau Schmitt geht am Dienstag zum Sport.

1. Was machen Sie am Samstag, Herr Müller?
- Ich gehe einkaufen.

Herr Müller ....

2. Was machen Sie am Mittwoch, Frau Özdemir?
Ich gehe zum Deutschkurs.

Frau Özdemir ....

3. Was machen Sie am Sonntag, Herr Ahmad?
Ich gehe spazieren.

Herr Ahmad ....

4. Was machen Sie am Freitag, Frau Klein?
Ich tanze in der Disco.

Frau Klein ....

5. Was machen Sie am Donnerstag, Herr Duran?
Ich gehe zum Arzt.

Herr Duran ....

Zeit und Zahlen: Einladungsbrief

Lesen Sie die Einladung:

> Liebe Sela,
>
> ich habe am Donnerstag Geburtstag. Wir feiern um 17 Uhr.
>
> Wir grillen auf der Terrasse. Kannst du kommen? Bitte ruf mich an.
>
> Viele Grüße
>
> Cleopatra

Schreiben Sie Sätze wie im Beispiel:

der Ausflug - Mittwoch - 8.30 Uhr
Der Ausflug ist am Mittwoch um 8.30 Uhr.

1. der Elternabend - Donnerstag - 19.30 Uhr

....

2. die Party - Freitag - 20 Uhr

....

3. der Arzttermin - Freitag - 11.30 Uhr

....

4. der Geburtstag - Dienstag - 15 Uhr

....

5. die Hochzeit - Samstag - 14 Uhr

....

Zeit und Zahlen: Einladungsbrief

<u>Schreiben Sie eine Einladung.</u> Beispiel:

Aufgabe:

Sie haben am Samstag Geburtstag. Sie feiern um 18 Uhr im Restaurant „Alberto".

Schreiben Sie an Ihren Freund Konrad eine Einladung.

Aufgabe: Sie haben am Samstag Geburtstag.

Schreiben Sie: Ich habe am Samstag Geburtstag.

Aufgabe: Sie feiern ....

Schreiben Sie: Ich feiere ....

Mann: Lieber Konrad, ...

Frau: Liebe Anita, ...

....

Lieber Konrad,

ich habe am Samstag Geburtstag. Ich feiere um 18 Uhr im Restaurant „Alberto."

Kannst du kommen? Bitte ruf mich an.

Viele Grüße

....

Aufgabe 2:

Sie sind in Ihre neue Wohnung eingezogen. Sie feiern eine Einweihungsparty. Wann? Wo?

Schreiben Sie an Ihre Freundin Anita.

....

Aufgabe 3:

Sie möchten Ihre Nachbarn zum Essen einladen. Es gibt eine Spezialität aus Ihrer Heimat. Wann? Wo?

Schreiben Sie an Frau Braun.

....

Zeitangaben: Sprechen
Terminkalender

Montag	Ich habe Zeit.	Dienstag	Sport machen
Mittwoch	Deutschkurs	Donnerstag	Ich habe Zeit.
Freitag	Kuchen backen	Samstag	Einkaufen
Sonntag	Spazieren gehen		

<u>Lesen Sie die Dialoge:</u>

1. Hast du am Freitag Zeit?
Nein. Tut mir leid. Ich muss Kuchen backen.

2. Hast du am Samstag Zeit?
Nein. Tut mir leid. Ich muss einkaufen.

3. Hast du am Donnerstag Zeit?
Ja, ich habe Zeit.

4. Hast du am Sonntag Zeit?
Ich gehe spazieren. Kommst du mit?

5. Hast du am Dienstag Zeit?
Nein, tut mir leid. Ich mache Sport.

6. Hast du am Montag Zeit?
Ja, ich habe Zeit.

7. Hast du am Mittwoch Zeit?
Nein, tut mir leid. Da ist Deutschkurs.

<u>Fragen Sie und antworten Sie. Schauen Sie nur im Terminkalender.</u>

Zahlen und Zeit: Uhrzeit schreiben und sprechen

Schreiben: 10:40 Uhr	Sprechen: Es ist 10 Uhr 40.

1. 13:20 Uhr   ....

2. 18:10 Uhr   ....

3. 09:55 Uhr   ....

4. 10:30 Uhr   ....

5. 12:10 Uhr   ....

Uhrzeit offiziell und privat

<u>Lesen Sie:</u>

10.30 Uhr   halb elf

10.45 Uhr   Viertel vor elf

11.15 Uhr   Viertel nach elf

11.30 Uhr   halb zwölf

11.45 Uhr   Viertel vor zwölf

12.15 Uhr   Viertel nach zwölf

12.30 Uhr   halb eins

<u>Zeigen Sie die Uhrzeiten an einer Übungsuhr.</u>

Zahlen und Zeit: Uhrzeit offiziell und privat

Wann fährt der Zug ab? Schreiben Sie die private Uhrzeit :

09:30   halb 10.

1.   16:30   ....

2.   18:30   ....

3.   07:15   ....

4.   10:15   ....

5.   22:30   ....

6.   11:45   ....

Was passt ? Schreiben Sie:

....

    8.30 Uhr   13.45 Uhr   12.15 Uhr   15.30 Uhr

    20.15 Uhr   10.45 Uhr   16.30 Uhr   7.15 Uhr

....

halb vier ....   Viertel nach sieben ....

Viertel vor zwei ....Viertel nach zwölf ....

halb neun ....Viertel nach acht ....

Viertel vor elf .... halb fünf ....

Zahlen und Zeit: Hören

Ihr Kursleiter / Ihre Kursleiterin spricht.
<u>*Was hören Sie? Kreuzen Sie an:*</u>

1. Der Zug kommt um 8.30 Uhr in Mannheim an.   A O
   Der Zug kommt um 18.30 Uhr in Mannheim an.   B O

....

2. Wir haben jeden Tag von 8 bis 18 Uhr geöffnet.   A O
   Wir haben jeden Tag von 8 bis 20 Uhr geöffnet.   B O

....

3. Die Telefonnummer ist 06359-274853.   A O
   Die Telefonnummer ist 06359-284753.   B O

....

4. Das Ticket ist im Angebot. Es kostet 49,90 €.   A O
   Das Ticket ist im Angebot. Es kostet 39,90 €.   B O

....

5. Der Zug hat 45 Minuten Verspätung.   A O
   Der Zug hat 50 Minuten Verspätung.   B O

....

6. Das Flugzeug kommt um 18.20 Uhr an.   A O
   Das Flugzeug kommt um 19.30 Uhr an.   B O

....

7. Das Hotelzimmer hat die Nummer 145.   A O
   Das Hotelzimmer hat die Nummer 155.   B O

Freizeit, Hobby, Reisen: Wörterliste Nomen

der	die	das
Sport	Musik	Picknick
Verein	Ferienwohnung	Hotel
Wald	Reise	Hobby
Tourist	Party	Fitnessstudio
Urlaub	Fahrkarte	Stadion
Flughafen	Ausstellung	Ticket
See	Busreise	Meer
Fluss	Autobahn	Doppelzimmer
Berg	Abfahrt	Einzelzimmer
Baum	Landschaft	Ausland
Flug	Insel	Gepäck
Koffer	Karte	Gebirge
Gast	Natur	Dorf

Sprechen Sie über die Wörter und üben Sie die Artikel.

Freizeit, Hobby, Reisen: Was machen Sie gern?

<u>Antworten Sie mit ja oder nein und schreiben Sie einen ganzen Satz.</u>

<u>Beispiel:</u>
Spielen Sie gern Tennis? - Nein, ich spiele nicht gern Tennis.
Spielen Sie gern Fußball? - Ja, ich spiele gern Fußball.

1. Gehen Sie gern ins Kino?

....

2. Gehen Sie gern zum Flohmarkt?

....

3. Hören Sie gern klassische Musik?

....

4. Spielen Sie gern Karten?

....

5. Boxen Sie gern?

....

6. Singen Sie gern?

....

7. Spielen Sie gern Schach?

....

Freizeit, Hobby, Reisen: Was machen Sie gern?

8. Gehen Sie gern in die Disco?

....

9. Kochen Sie gern?

....

10. Essen Sie gern?

....

11. Fotografieren Sie gern?

....

12. Malen Sie gern?

....

13. Sehen Sie gern fern?

....

14. Chatten Sie gern im Internet?

....

15. Reisen Sie gern?

....

Freizeit, Hobby, Reisen: Leseverstehen, Schreiben
(Postkarte aus dem Urlaub)

Lesen Sie die Postkarte und antworten Sie: Richtig oder falsch?

....

Lieber Finn,

wir sind hier in Kroatien am Meer. Das Wetter ist super. Die Sonne scheint und es ist heiß.
Das Essen ist gut und wir haben eine gute Zeit. Wir kommen am Montag zurück.

Viele Grüße

Walter und Maria

....

1. Finn ist in Kroatien.   r/f

2. Walter und Maria sind am Meer.   r/f

3. Das Wetter ist schlecht.   r/f

4. Es ist heiß.   r/f

5. Das Essen schmeckt gut.   r/f

....

Sie sind im Urlaub.
Schreiben Sie eine Karte wie im Beispiel.

Wo? Wetter? Essen? Wann kommen Sie zurück?

Freizeit, Hobby, Reisen: Leseverstehen
(Reiseanzeigen, Information)

1. Sie haben kleine Kinder und möchten einen ruhigen Urlaub machen.

A	B
Ferien auf dem Bauernhof Ponys, Hasen, Katzen, Hunde Ideal für Familien mit Kindern	Sporturlaub: Wandern, Klettern und Schwimmen in den Bergen

2. Sie wollen viele Länder sehen und Kultur erleben.

A	B
Schiffsreise auf dem Mittelmeer Griechenland, Italien, Malta, ... Kultur erleben und bequem reisen.	Urlaub in Bayern Berge, Seen, Oktoberfest

3. Sie suchen Informationen über Reisen nach Irland.

A	B
Irische Musik Ein Abend mit keltischer Harfenmusik Montag 20 Uhr	Reisen nach Irland Alle Informationen hier.

4. Sie möchten Information über das Wetter in Italien.

A	B
Das Wetter in Rom, Mailand, Venedig, Neapel, ganz Italien.	Italienische Küche: Pizza, Pasta, Salate

Freizeit, Hobby, Reisen: Leseverstehen
(Hobby)

Lesen Sie und kreuzen Sie an: A oder B

1. Ihr Sohn, 8 Jahre, möchte Fußball spielen.

A.   B.

VfR Sportverein Es sind noch Plätze frei: - Gymnastik für Frauen - Fußball junior (6-8 Jahre)	TSG Sportverein Wir bieten an: Yoga Handball Aerobic

2. Sie möchten zur Gymnastik gehen. Wann können Sie das?

A.   um 15 Uhr   B.   um 18 Uhr

....

Unser Sportprogramm:

10 Uhr Turnen für Senioren
15 Uhr Hallensport für Kinder
16 Uhr Fußball
18 Uhr Gymnastik
19 Uhr Volleyball

....

3. Sie interessieren sich für Musik. Sie möchten Gitarre spielen lernen.

A Musikunterricht. -Klavier - Schlagzeug - Gitarre	B Konzert in der Stadthalle Peter Wolters spielt Gitarre und singt.

Freizeit, Hobby, Reisen: Leseverstehen

1. Am 08. 08. 15 können Sie nicht mit dem Zug fahren.

A	B
Achtung!	Achtung!
Liebe Fahrgäste, am Freitag, dem 08.08 15 können Sie nicht mit dem Zug fahren. Bitte nehmen Sie den Bus an Bushaltestelle 7.	Liebe Fahrgäste, der Zug in die City hat ab 08. 08.15 neue Abfahrtszeiten. Bitte beachten Sie den neuen Fahrplan.

2. Sie möchten mit anderen Personen zusammen Rad fahren.

A	B
Fahrräder	Fahrradclub
Neue und gebrauchte Fahrräder alle Preisklassen gut und günstig zu verkaufen.	Hallo, Leute! Wir wollen zusammen schöne Radtouren machen.

3. Sie suchen ein neues Hobby für den Winter. Kein Sport.

A	B
Nordic Walking	Schach
Laufen in der Natur Wir bieten die Ausrüstung und den Unterricht.	Lernen Sie Schach spielen. Schachkurse bei der VHS.

Freizeit, Hobby, Reisen: Hören

<u>Was hören Sie? Kreuzen Sie an.</u>

1. Das Fußballtraining beginnt um 17.30 Uhr.   A   O
   Das Fußballtraining beginnt um 18.30 Uhr.   B   O

....

2. Der Englischkurs ist montags um 19 Uhr.   A   O
   Der Englischkurs ist mittwochs um 19 Uhr.   B   O

....

3. Das Fitnessstudio hat samstags bis 20 Uhr geöffnet.   A   O
   Das Fitnessstudio hat samstags bis 22 Uhr geöffnet.   B   O

....

4. Die Ausstellung beginnt am 29. 06.   A   O
   Die Ausstellung beginnt am 28. 07.   B   O

....

5. Der Film läuft von 20 - 21.30 Uhr.   A   O
   Der Film läuft von 21 - 22.30 Uhr.   B   O

....

6. Sie können im Hotel ab 7 Uhr frühstücken.   A   O
   Sie können im Hotel ab 7.30 Uhr frühstücken.   B   O

....

7. Die Stadtrundfahrt dauert 60 Minuten.   A   O
   Die Stadtrundfahrt dauert 70 Minuten.   B   O

....

8. Der Englischkurs ist montags um 19.30 Uhr.   A   O
   Der Englischkurs ist mittwochs um 20 Uhr.   B   O

Freizeit, Hobby, Reisen: Sprechen

Welches Fragewort passt? Schreiben Sie und sprechen Sie:
Es gibt manchmal mehrere Lösungen.

....

Wann? - Wo? - Was? - Wie? - Welcher?

....

1. .... ist das Wetter in der Türkei?

2. .... fährst du in Urlaub?

3. .... machen Sie gern in Ihrer Freizeit?

4. .... Film gefällt dir am besten?

5. .... beginnen die Ferien?

6. ....kann man Sport machen?

7. .... ist das Schwimmbad geöffnet?

8. .... haben Sie Freizeit?

9. .... .treffen Sie Freunde?

10. .... kann man Filme sehen?

Wetter, Verkehr: Wörterliste

der:

Wind und Niederschlag: der Wind, der Regen, der Hagel, der Sturm, der Schnee, der Nebel, der Tornado, der Monsun, ...

die:

die Sonne, die Hitze, die Durchsage, die Fahrkarte, die Fahrt, die Ankunft, die Auskunft, die Gefahr

das:

das Gleis

....

Nomen und Adjektiv:

der Regen: Es ist regnerisch.   die Sonne: Es ist sonnig.

das Eis: Es ist eisig. / eiskalt.   die Wolke: Es ist wolkig.

der Wind: Es ist windig.   die Gefahr: Es ist gefährlich.

....

Verb und Nomen:

fliegen: der Flug   **fahren:** die Fahrt

halten: der Halt   **rasten:** die Rast,
                                               die Raststätte

gehen: der Gang   **laufen:** der Lauf

Wetter, Verkehr: Schreibübung
(Wetter)

Wie ist das Wetter? Ergänzen Sie Wörter aus der Liste:

1. Die S _ _ _ _ scheint.

2. Es r _ _ _ _ _ _ .

3. Es sind 10 G _ _ _ .

4. Am Himmel sind viele W _ _ _ _ _ _ .

5. Es sind minus 5 Grad. Es ist k _ _ _ .

6. Da ist viel Wind. Es ist w _ _ _ _ _ .

7. Da ist viel Sonne. Es ist s _ _ _ _ _ .

8. Die Sonne scheint am H _ _ _ _ _ _ .

9. Im Winter ist alles weiß. Es sch _ _ _ _ .

10. Es regnet. Der R _ _ _ _ ist nass.

Wetter, Verkehr: Leseverstehen

1. Wann kommt der Zug in Hamburg an?

A kurz nach halb eins   B in der Nacht

Bahnhof	Uhrzeit	Dauer	Umsteigen
Mannheim	07:32:00	05:03:00	1
Hamburg	12:35:00		

2. Sie möchten wissen: Wie wird das Wetter morgen?

A www. daswetter.de Wetterservice für Ihre Region Wetter aktuell Wettervoraussage	B www.guteHotels.de Urlaub im Schwarzwald Wandern bei gutem Wetter Bei Regen ein Museum besuchen

3. Sie suchen ein günstiges Hotel für die ganze Familie.

A Luxushotel am Meer Bar, Sauna, Sonnenterrasse Mit Frühstücksbuffet und Gourmetrestaurant	B Preiswert und schön Urlaub machen Kinder willkommen. 5 Minuten zum Meer

Wetter, Verkehr: Hören

Ihr Kursleiter/ Ihre Kursleiterin spricht.
Was hören Sie? Kreuzen Sie an:

1. Auf der Autobahn ist Stau.   A O
   Auf der Bundesstraße ist Stau.   B O

....

2. In Italien sind 35 Grad.   A O
   In Italien sind 45 Grad.   B O

....

3. Heute ist es sehr windig.   A O
   Heute ist es sehr wolkig.   B O

....

4. Der Zug aus Hamburg hat 10 Minuten Verspätung.   A O
   Der Zug aus Hamburg hat 20 Minuten Verspätung.   B O

....

5. Es regnet schon drei Tage.   A O
   Es regnet schon vier Tage.   B O

....

6. Es schneit in Dresden.   A O
   Es schneit in Düsseldorf.   B O

....

7. Achtung! Es gibt eine Umleitung.   A O
   Achtung! Es gibt eine Zeitung.   B O

Schule, Ausbildung: Wörterliste Nomen

der	die	das
Schüler	Schülerin	Klassenzimmer
Kurs	Grundschule	Gymnasium
Azubi	Ausbildung	Abitur
Realschulabschluss	Realschule	Zeugnis
Hauptschulabschluss	Note	Zertifikat
Elternabend	Bewerbung	Kursbuch
Bleistift	Tafel	Heft
Kuli	Lehrerin	Buch
Farbstift	Schule	Mäppchen
Spitzer	Mappe	Bild
Radiergummi	Übung	Foto

Sprechen Sie über die Wörter und üben Sie die Artikel.

Schule, Ausbildung: Sprechen

| haben – benutzen – nehmen – bekommen – leihen |

<u>Sprechen Sie über die Bedeutungen der Verben. Was passt?</u>
<u>Manchmal gibt es mehrere Möglichkeiten:</u>

1. Kann ich mal bitte dein Buch ....?
Ich habe mein Buch vergessen.

2. Kann ich bitte einen Radiergummi ....?
Ich habe keinen.

3. Kann ich bitte das Telefon ....?
Ich möchte meine Mutter anrufen.

4. Kann ich bitte einen Kuli ....?
Meine Mine ist leer.

5. Kann ich bitte die Zeitung ....?
Bist du mit dem Lesen fertig?

6. Kann ich bitte den Spitzer ....?
Mein Stift schreibt nicht mehr.

7. Kann ich bitte eine Orange ....?

8. Kann ich bitte mal dein Handy ....?
Ich muss zu Hause anrufen.

9. Kann ich mal deinen Taschenrechner ....?

10. Kann ich bitte ein Taschentuch ....?

11. Kannst du mir bis morgen einen Euro ....?

Schule, Ausbildung: Leseverstehen

1. Ihre Tochter will eine Ausbildung als Frisörin machen.

A	B
Frisörsalon Haarscharf Wir suchen eine kompetente Frisörin für unser Team. Sie haben eine abgeschlossene Ausbildung? Bewerben Sie sich.	Frisörsalon Beauty Auszubildende ab sofort gesucht. Machen Sie Ihre Ausbildung bei uns in einem Top-Team.

2. Sie wollen einen Deutschkurs machen.

A	B
VHS Bremen Kursangebote Sprachen: - Spanisch - Englisch - Deutsch als Fremdsprache	VHS Mainz Wir bieten an: - Malkurse - Sprachkurse Italienisch - Sport

3. Ihr Sohn braucht Hilfe in Mathematik.

A	B
Suche Nachhilfe in Mathe, 8. Klasse Realschule. Wer kann mir die Regeln erklären?	Lehrer bietet Nachhilfe in Mathematik, Chemie und Physik an. Ich komme zu Ihnen nach Hause.

Schule, Ausbildung: Leseverstehen
(Elternbrief)

....

Liebe Eltern der Klasse 7b,

am Freitag, dem 09. September 2015 findet unser Elternabend statt. Bitte kommen Sie alle. Wir sprechen über die Klassenfahrt. Wir wollen Ihre Ideen hören.
Der Elternabend ist um 19.30 Uhr im Klassenzimmer der 7b.

Herzliche Grüße

Fritz Bald, Klassenlehrer

....

<u>Ist das richtig oder falsch?</u>

1. Der Elternabend ist am Donnerstag.   richtig / falsch

2. Der Klassenlehrer heißt Fritz Ball.   richtig / falsch

3. Der Elternabend ist im Klassenzimmer der 7b.   richtig / falsch

4. Der Lehrer will über die Klassenfahrt sprechen.   richtig / falsch

Schule, Ausbildung: Hören

Ihr Kursleiter / Ihre Kursleiterin spricht.
<u>*Was hören Sie? Kreuzen Sie an:*</u>

1. Mein Sohn hat eine Zwei in Mathematik.   A   O
   Mein Sohn hat eine Drei in Mathematik.   B   O

....

2. Ich habe den Realschulabschluss gemacht.   A   O
   Ich habe das Abitur gemacht.   B   O

....

3. Früher habe ich als Schneider gearbeitet.   A   O
   Früher habe ich als Schreiner gearbeitet.   B   O

....

4. Meine Frau hat eine Teilzeitstelle.   A   O
   Meine Frau hat eine Vollzeitstelle.   B   O

....

5. Alex arbeitet bei Firma Vortex.   A   O
   Alex arbeitet bei Firma Vorwerk.   B   O

....

6. Wir haben einen Frisörsalon.   A   O
   Wir haben einen Dönerladen.   B   O

....

7. Ich habe 2002 als Lagerist angefangen.   A   O
   Ich habe 2002 als Lagerist gekündigt.   B   O

Schule, Ausbildung: Leseverstehen und Schreiben
(beruflicher Werdegang)

Lesen Sie den Text. Schreiben Sie dann Fragen und Antworten zum Text.

Albert Klein ist Bauingenieur von Beruf. Er hat 2001 in Hamburg das Abitur gemacht. Dann hat er in Berlin an der Technischen Universität studiert. 2006 hat er sein Examen gemacht und Bewerbungen geschrieben.
Er arbeitet jetzt in Bremen bei einer Baufirma.
Er plant Häuser und Hotels. Er mag seinen Beruf.
Jetzt baut er auch ein Haus für sich und seine Frau.

1. .... ist Herr Klein von Beruf?

Er ist ....

2. .... hat er sein Abitur gemacht? (Ort)

Er hat ....

3. .... hat er studiert? (Ort)

Er hat ....

4. .... hat er nach dem Examen gemacht?

Er hat Bewerbungen geschrieben.

5. .... arbeitet er jetzt? (Ort)

Er arbeitet ....

6. .... plant Herr Klein?
Er plant Häuser und Hotels.

Arbeit, Beruf, Bank: Wörterliste Nomen

der	die	das
Arbeitsplatz	E-Mail	Büro
Computer	Chance	Internet
Job	Firma	Fax
Drucker	Stelle	Geld
Lohn	Kreditkarte	Konto
Angestellte	Angestellte	Jobcenter
Arbeitslose	Arbeitslose	Bürgergeld
Auszubildende	Auszubildende	Kindergeld
Euro	Reparatur	Formular
Cent	Überweisung	Kleingeld
Feierabend	Währung	
Handel	Kreditkarte	

....

Sprechen Sie über die Wörter und üben Sie die Artikel.

Arbeit, Beruf, Bank: Leseübung

1. Sie ist Sekretärin von Beruf. Ihr Arbeitsplatz ist das Büro.

2. Ich schicke eine Bewerbung an Firma Flott. Vielleicht habe ich eine Chance.

3. Walter arbeitet bis 18 Uhr. Dann hat er Feierabend.

4. Katrin sucht einen Job. Sie geht zum Jobcenter.

5. Frau Meier ist eine Angestellte beim Finanzamt.

6. Ich bezahle nicht bar. Ich habe eine Kreditkarte.

7. Lisa ist Verkäuferin. Sie arbeitet im Laden.

8. Max ist Mechaniker. Er repariert Autos.

9. Auf meinem Schreibtisch ist ein Computer. Da ist auch ein Telefon.

10. Sie schreibt die Überweisung und geht zur Bank. Sie will Geld an ihre Tochter schicken.

11. Wie kann man in Spanien bezahlen? Wie heißt die Währung? - Natürlich Euro.

12. Der Wagen ist fertig. Die Reparatur kostet 245 Euro.

13. Karla ist meine Freundin. Ich schreibe ihr jede Woche eine E-Mail.

Arbeit, Beruf, Bank: Leseverstehen
(Stellenangebote)

1. Frau Bungert sucht eine Stelle als Verkäuferin. Sie möchte nur vormittags arbeiten.

A	B
Bäckereiverkäuferin Vollzeitstelle von 8 - 16 Uhr Ausbildung als Einzelhandels- kauffrau erforderlich. Tel. 94483030	Kaufhaus Schick Verkäuferin in Teilzeit gesucht von 9 - 12 Uhr. Berufserfahrung erwünscht. Tel. 8483773

2. Herr Selipalta sucht einen Job als Pizzafahrer. Er hat abends und am Wochenende Zeit.

A	B
Taxifahrer gesucht. Täglich, auch am Wochenende. Firma Eilig, Tel.	Pizzafahrer in Teilzeit gesucht. Ab 19 Uhr, manchmal auch Wochenende. Tel. ...

3. Frau Selbisu möchte als Putzhilfe arbeiten. Sie hat nur am Abend Zeit. Ihr Mann kann dann auf die Kinder aufpassen.

A	B
Wir suchen eine Reinigungskraft für unsere Arztpraxis. Täglich 19 - 21 Uhr	Putzhilfe gesucht. Putzkolonne bei Firma Baum. Täglich 14 - 18 Uhr

Arbeit, Beruf, Bank: Hören

<u>Ihr Kursleiter / Ihre Kursleiterin spricht.</u>
<u>Was hören Sie? Kreuzen Sie an:</u>

1. Wir suchen eine Putzhilfe montags 18-20 Uhr.   A O
   Wir suchen eine Putzhilfe montags 19-20 Uhr.   B O

....

2. Ich kann heute nicht zur Arbeit kommen.   A O
   Ich kann heute erst später zur Arbeit kommen.   B O

....

3. Frau Wieland arbeitet bei Firma Gutland.   A O
   Frau Wieland arbeitet bei Firma Westland.   B O

....

4. Manuel ist Erzieher von Beruf.   A O
   Manuel ist Dreher von Beruf.   B O

....

5. Die Reparatur kostet 320 €.   A O
   Die Reparatur kostet 220 €.   B O

....

6. Ich möchte 2000 € abheben.   A O
   Ich möchte 200 € abheben.   B O

....

7. Herr Bald arbeitet von 8 - 16 Uhr.   A O
   Herr Bald arbeitet von 8 - 17 Uhr.   B O

Arbeit, Beruf, Bank: Schreiben
(Bewerbung)

<u>Setzen Sie diese Wörter an den passenden Stellen ein:</u>

....

Herren   Anzeige   Telefonnummer   vorstellen   Italien
                              geehrte

....

Sehr .... Damen und ....,

in der Zeitung „Morgenblatt" habe ich Ihre .... gelesen.

Die Stelle als Verkäuferin interessiert mich sehr.

Ich habe früher in .... als Verkäuferin gearbeitet.

Wann kann ich mich bei Ihnen ....?

Rufen Sie mich an. Meine .... ist 0234 8547.

Mit freundlichen Grüßen

    Marina Raimondo

Behörden, Medien: Wörter und Redemittel

Was kann man hier tun?
auf dem Amt / bei der Behörde:
ein Formular ausfüllen, einen Antrag unterschreiben, einen Antrag abgeben

am Telefon: einen Anruf bekommen / weiterleiten

Sie hören am Anrufbeantworter:
Kein Anschluss unter dieser Nummer.
Sie haben den Anschluss von Familie X gewählt.
Die Durchwahl ist 12.

Wortschatz Medien: die Zeitung, die Zeitschrift, das Radio, das Fernsehen, das Internet, das Mobiltelefon / Handy / Smartphone
....

Lesen Sie die Sätze:

1. Bitte füllen Sie den Antrag aus und kommen Sie dann zu mir.

2. Sie haben den Anschluss von Familie Klein gewählt. Leider sind wir nicht zu Hause.

3. In der Zeitung ist eine interessante Stellenanzeige.

4. Im Radio kommt gerade der Wetterbericht.

5. Eine aktuelle Verkehrsmeldung: Auf der Autobahn A6 war heute ein Unfall.

6. Vorsicht! Auf der Autobahn ist zwei Kilometer Stau.

7. Heute Abend kommt ein Krimi im Fernsehen.
8. Die Durchwahl von Frau Darmstadt ist 25.

Behörden, Medien: Hören

Ihr Kursleiter / Ihre Kursleiterin spricht.
Was hören Sie? Kreuzen Sie an: A oder B.

1. Das Standesamt ist im ersten Stock, Zimmer 23.   A O
   Das Standesamt ist im zweiten Stock, Zimmer 23.   B O

....

2. Ich habe Ihre Anzeige in der Zeitung gesehen.   A O
   Ich habe Ihre Anzeige im Internet gesehen.   B O

....

3. Sie haben den Anschluss von Frau Müller gewählt.   A O
   Sie haben den Anschluss von Familie Müller gewählt.   B O

....

4. Füllen Sie das aus und gehen Sie zu Zimmer 214.   A O
   Füllen Sie das aus und gehen Sie zu Zimmer 240.   B O

....

5. Bitte warten Sie. Ich leite Ihren Anruf weiter.   A O
   Bitte warten Sie. Ich spreche später weiter.   B O

....

6. Unterschreiben Sie bitte hier.   A O
   Verstehen Sie bitte hier.   B O

....

7. Das Rathaus ist in der Waldstraße.   A O
   Das Rathaus ist in der Wollstraße.   B O

....

Tipps für den Unterricht

Wortschatz: Bei den meisten Themen habe ich mich dafür entschieden, besonderen Wert auf die Nomen zu legen. Der übrige Wortschatz dagegen kommt in Dialogen und Übungen vor und wird im Zusammenhang im Unterricht erklärt und erschlossen.

Die Themen werden unterschiedlich intensiv behandelt, je nachdem wie häufig sie in A1-Tests vorkommen. So werden die Themen Zahlen, Zeit, Öffnungszeiten, Stellenangebote usw. besonders geübt.

Sie können die Aufgaben je nach dem Stand und den Fähigkeiten Ihrer Teilnehmer variieren. Auch die Schriftgröße variiert, eine kleinere Schrift wird ja im Test vorkommen. Die TN sollen sich daran gewöhnen.

Hier einige Vorschläge zu den einzelnen Übungen:

Wörterliste Nomen: Wörter durchsprechen, evtl. mit Bildern deutlich machen. Die Artikel können geübt werden, indem die TN die Wörter auf Karten schreiben mit den Artikeln auf der Rückseite. Oder Sie bereiten ein Würfelspiel vor. Stellen Sie sicher, dass die richtige Antwort greifbar daneben liegt und die TN sich immer kontrollieren.

Leseübung Länder und Sprachen: Die Liste wird eventuell ergänzt, wenn Länder und Sprachen, die in der Klasse vorkommen, nicht dabei sind. Stellen Sie klar, dass das eigene Land und die eigene Sprache auf Deutsch unbedingt gelernt werden müssen.

Persönliches Formular: Das Formular kann bei Bedarf mehrmals in Kopien verwendet werden, zuerst mit Hilfe und Unterlagen, zuletzt frei aus dem Kopf.

Hören: Hier ergibt sich die Möglichkeit, hören ohne CD zu üben. Der Kl liest einen der angebotenen Sätze, der TN kreuzt an, was er gehört hat.

Lassen Sie den TN Zeit, die Sätze durchzulesen, dann sprechen, ankreuzen und erst zum Schluss vergleichen.

Die Aufgabe bitte nur machen, wenn ein KL da ist oder eine Person, die fehlerfrei sprechen kann.

Uhrzeit: Viele TN kennen und verwenden nur die digitale Uhrzeit mit 24-Stunden-Zählung. Deshalb soll die herkömmliche Uhrzeit hauptsächlich passiv verstanden werden. Die TN müssen sie nicht unbedingt selbst verwenden.

Ergänzungsaufgaben: Bei allen Aufgaben, in denen Angaben auszufüllen sind, sind verschiedene Stufen möglich. 1. frei ausfüllen, 2. mit Hilfe von Unterlagen ausfüllen 3. als Diktat, 4. gemeinsames Erarbeiten.

Mit Ausnahme der Höraufgaben ist das Übungsbuch auch für Selbstlerner geeignet. Es ergibt sich eine intensive Auseinandersetzung mit dem prüfungsrelevanten Wortschatz und den Aufgabenformen der Prüfung.

Lösungen:

S. 9

Carmen - Pizzarro - Kirchheim - Turnhallenstraße - verheiratet - 36 - 1 Kind - Spanien - Spanisch, Deutsch - Frisörin - weiblich - Spanisch

S. 10

Schmitt - Alisia - verheiratet - 07.07.1977 - Oberammergau - München - Bahnhofstraße 37 - 2 Kinder - September

S. 11

Blanco - Mario -Grünstadt - Asselheimer Straße 14 - 12.08.1970 - Napoli - 06259 206727 - Sofia Blanco, Antonio Blanco - Handball, Fußball, Gymnastik

S. 12

Oleg - Schäfer - Köln - Lilienstraße 53 - 01.12.1965 - Moskau - Spanisch für die Reise - dienstags 19 - 20.30 Uhr

S. 13

Brodski, Alexander - Worms, Mainzerstraße 32 - Firma Flott - Mechaniker - männlich - Girokonto

S. 14 1r - 2f - 3f - 4r

S. 15 1A - 2A

S. 16

1 Wie 2 Wie lange 3 Wann 4 Wo 5. Wie 6. Wo 7. Wie 8. Welche 9 Was 10 Was 11 Wie 12 Wie

S. 20

1 Kannst du mir bitte den Kaffee geben? 2. Kannst du mir bitte den Honig geben?
3. Kannst du mir bitte die Sahne geben? 4. Kannst du mir bitte das Brötchen geben?
5. Kannst du mir bitte das Salz geben? 6. Kannst du mir bitte die Butter geben?
7. Kannst du mir bitte die Tomate geben? 8. Kannst du mir bitte den Fisch geben?
9. Kannst du mir bitte das Fleisch geben? 10. Kannst du mir bitte den Käse geben?
11. Kannst du mir bitte den Salat geben?

S. 21 1r - 2r - 3f - 4r - 5f - 6r - 7f - 8r - 9r - 10r

S. 25

Apotheke - Bahnhof - Café - Diskothek - Eisdiele - Frisör - Gemüsegeschäft - Hotel - Information - Juwelier - Kiosk - Metzgerei - Optiker - Park - Restaurant - Supermarkt - Tanzcafé - U-Bahn - Zoo

S. 27

1. 8 - 16.30 Uhr 2. nein 3. ja 4. anrufen / telefonieren
1. nein 2. 8 Uhr 3. Montag 4. ja

S. 28

1. 12 Stunden 2. Lebensmittel 3. Sonntag 4. nein
1. 10 Uhr 2. 9 - 17 Uhr 3. ja 4. nein

S.29

1 ja - 2 nein - 3 nein - 4 ja
1 nein - 2 nein - 3 nein - 4 nein

S. 30

1. 12 - 14 Uhr - 2. nein - 3. ja - 4. ja
1. ja - 2. 10 Uhr - 3. ja - 4. Sonntag

S. 31

1. Schere - 2. Tablette - 3. Bleistift - 4. Fleisch - 5. Zug - 6. Film - 7. Briefmarke - 8. Arzt - 9. Führerschein - 10. Kasse - 11. Bücher - 12. Döner - 13. Bäume

S. 33

1. Was / Wie viel 2. Wann / Wie lange 3. Wo 4. Wer 5. Wo 6. Welche 7. Wo 8. Wann / Wie lange 9. Wo 10. Wer 11. Wann 12. Was 13. Was

S. 35 1B - 2A - 3B

S. 36

1. billig 2. alt 3. neu 4. schön 5. groß 6. hell 7. breit

1. - a - sch 2. - ü - sch 3. - e - er 4. - ü - sch 5. - o - u 6. o 7. - ff - ine
8. - b - au 9. - ck -

S. 37 1f - 2r - 3r - 4r - 5f   Anzeige B

S. 40

1. Ich habe Bauchschmerzen. 2. Ich habe Rückenschmerzen. 3. Ich habe Ohrenschmerzen. 4. Ich habe Zahnschmerzen. 5. Ich habe Augenschmerzen.

Ohren - Augen - Hände - Füße - Beine

S. 41

07.06.2015 - geehrte - Freitag - Termin - Montag - Grüße - Leila Darkasali

S. 42

1. Das Datum ist rechts. 2. geehrte 3. ich nach dem Komma klein schreiben 4. beim Jobcenter, nicht vom Jobcenter 5. Viele Grüße

S. 43 3 - 5 - 7 - 1 - 4 - 8 - 6

S. 50

1. Mittwoch 2. Montag 3. Dienstag 4. Donnerstag 5. Dienstag 6. Freitag 7. Freitag 8. Montag 9. Donnerstag 10. Samstag

S. 51

2. Walter hat im August Geburtstag. 3. Ali hat im November Geburtstag.
4. Dana hat im April Geburtstag. 5. Friede hat im Juli Geburtstag. 6. Alex hat im Dezember Geburtstag. 7. Samuel hat im Oktober Geburtstag. 8. Fatma hat im September Geburtstag.

S. 52

1. Herr Müller geht am Samstag einkaufen. 2. Frau Özdemir geht am Mittwoch zum Deutschkurs. 3. Herr Ahmad geht am Sonntag spazieren. 4. Frau Klein tanzt am Freitag in der Disco. 5. Herr Duran geht am Donnerstag zum Arzt.

S. 55

1. 13 Uhr 20 2. 18 Uhr 10 3. 9 Uhr 55 4. 10 Uhr 30 5. 12 Uhr 10

S. 56

1. halb fünf 2. halb sieben 3. Viertel nach sieben 4. Viertel nach zehn 5. halb elf 6. Viertel vor zwölf

halb vier - 15.30 Uhr   Viertel nach sieben - 7.15 Uhr
Viertel vor zwei - 13.45 Uhr   Viertel nach zwölf - 12.15 Uhr
halb neun - 8.30 Uhr   Viertel nach acht - 20.15 Uhr
Viertel vor elf - 10.45 Uhr   halb fünf - 16.30 Uhr

S. 61 1f - 2r - 3f - 4r - 5r
S. 62 1A - 2A - 3B - 4A
S. 63 1A - 2B - 3A
S. 64 1A - 2B - 3B -

S. 66

1 Wie   2. Wann   3. Was   4. Welche   5. Wann   6. Wann / Wie lange   7. Wann / Wie lange   8. Wann   9. Wo

S. 68

1. Sonne   2. regnet   3. Grad   4. Wolken   5. kalt   6. windig   7. sonnig   8. Himmel
9. schneit   10. Regen

S. 69   1A - 2A - 3B

S. 72

1. benutzen / leihen / haben / nehmen   2. haben / bekommen   3. benutzen   4. haben
5. haben   6. benutzen   7. haben   8. benutzen   9. benutzen / leihen   10. leihen

S. 73   1B - 2A - 3B

S. 74   1f - 2f - 3r - 4r

S. 76

1. Was - Bauingenieur.   2. Wo - in Hamburg sein Abitur gemacht.   3. Wo - in Berlin studiert.   4. Was   5. Wo - in Bremen.   6. Was

S. 79   1B - 2B - 3A

S. 81

geehrte - Herren - Anzeige - Italien - vorstellen - Telefonnummer